UHURU AFRIKA !

5-7, rue de l'Ecole polytechnique, 75005 Paris

http://www.librairieharmattan.com
diffusion.harmattan@wanadoo.fr
harmattan1@wanadoo.fr

ISBN : 978-2-296-56795-5
EAN : 9782296567955

Adjmaël Halidi

UHURU AFRIKA !

L'Harmattan

Du même auteur:

- **Oraisons vespérales,** recueil de poèmes . **L'Harmattan,** collection **Poètes des cinq continents** (2009)
- **Nahariat ,** recueil de nouvelles . **KomEdit Éditions** (2011)

Ce texte a été créé lors de la 3ème édition du festival théâtral *LA PASSE EN SCÈNE* au mois de novembre 2010, sur une proposition de la Direction de l'Ingénierie Culturelle et Événementielle du Conseil Général de Mayotte. Dans une mise en scène d'Adjmaël Halidi, avec à la distribution :

- Adjmaël Halidi: **IBN RAPACE**
- Amidu Amani IDRISA: **Garde 1 et Madi animus**
- Mohamed ILZAME: **Garde 2 et Sakina anima**
- Nourdine AHMED: **Sergent**

À Christiane Ramanantsoa
pour m'avoir appris l'art dramatique

À Nadine Verne et Chamoussiddine Bourhane
pour leur soutien

À M.B.A et Geneviève Klaver
pour avoir lu ce texte et donné leurs impressions

«Je me souviendrai de toi, Salma, comme un étranger se souvient de sa patrie tant aimée, comme un affamé se souvient d'un festin auquel il a été convié, comme un roi détrôné se souvient des jours de sa gloire, comme le prisonnier, de ses heures de liberté et de quiétude. »

Gibran Khalil Gibran. Les ailes brisées

«L'écho est venu de l'oliveraie
J'étais crucifié sur le feu
Et je disais aux corbeaux: Ne me dévorez pas
Je pourrais rentrer à la maison,
Le ciel pourrait pleuvoir,
Et il pourrait…
Éteindre ce bois carnassier!»

Mahamoud Darwich

«S'il est normal de cracher sur la naissance d'un homme, il est dangereux de cracher sur sa rébellion.»

Bernard-Marie Koltès. Dans la solitude des champs de coton.

Une voix s'élève : «Swala ! Swala ![1]» Et un muezzin annonce la prière de l'aube. Sur la scène un groupe de croyants récite un wadhifa. Sitôt le wadhifa touche à sa fin. Le groupe quitte la scène.

---

[1]C'est l'heure de la prière ! C'est l'heure de la prière !

Acte I

scène a

Deux gardes traînent un homme derrière eux. L'homme en question, c'est IBN RAPACE, président fraîchement déchu d'un pays perdu à l'autre bout du monde. IBN RAPACE gueule.

IBN RAPACE: Lâchez-moi! Ôtez vos pattes crasseuses de chauve-souris cramée de mon corps. Bâtards de bâtards de bâtards. Comment osez-vous kidnapper votre propre président? Lâchez-moi je vous ordonne, ingrats de malheur. Même les rats les plus répugnants, les chiens les plus baveux, les chats les plus efflanqués ne traitent pas leur maître de la sorte. Même les crottes du cabri traitent avec égard le cul d'où elles sont sorties. Même les morves de la vache ont de la reconnaissance envers les naseaux d'où elles ont découlé. Oui, vous êtes ingrats et ignares!!!

Les gardes abandonnent IBN RAPACE au milieu de la scène. Avant de prendre congé de lui, l'un d'eux demande:

Garde 1: Comment tu trouves ta nouvelle demeure?

Garde 2: Le grand chic, n'est-ce pas? Admire les chefs-d'œuvre comme ils sont resplendissants? Cette toile, c'est le cri d'Edward Munk. Cette musique, c'est la plus belle symphonie de Beethoven. Avec le bois de refend que tu vois là, tu peux te fabriquer des marionnettes que tu pourras tripatouiller à tout jamais.

Garde 1: C'est encore mieux avec des marionnettes, tu verras (*et s'esclaffe*)

Garde 2: Sache IBN RAPACE qu'il y a au frigidaire du Johnnie Walker tout droit importé des États-Unis. Tous les plaisirs à ravir ton cœur présidentiel sont là, n'est-ce pas? (*elle jette un regard dans toute la salle*) Assurément tout porte à croire que l'architecte qui a confectionné ce joyau a été déplacé depuis l'Europe.

IBN RAPACE crache d'abord dans la direction des gardes. Puis leur fait un doigt d'honneur.

Garde 1, *dans un sourire*: Nous qui nous sommes tant démenés pour trouver ce lieu digne de ta personnalité. Nous qui nous sommes décarcassés pour que tu sois téléporté dans ces lieux de tes voyages d'agrément, dans ces suites luxueuses de ces hôtels quatre étoiles, dans ces croisières en mer pacifique…

Garde 2, *un temps*: Vraiment tu nous en vois désolés! (*il se tourne vers l'autre garde et fait*) N'est-ce pas?

Et les deux gardes s'esclaffent et partent.

scène b

IBN RAPACE, *assis en tailleur, il se lève. Fait les cent pas. Et pense tout haut*: Le peuple est carnivore. Il n'a d'autre dieu que son appétit. Et son archange le plus fidèle est son flair (*et renifle*). Lorsque les tripes du peuple démangent ce dernier de bouffer, il ne fait plus le choix d'une proie. La faim obscurcit sa raison, la haine s'empare de tout son corps, et l'hystérie le projette hors de lui-même. Aveugle, il avale, déchiquette, broie tout ce qui lui tombe entre les mains. Oui, le peuple est carnivore.

(*un temps*)

Le peuple est carnivore. Sous l'effet de la colère, le peuple a du mal à choisir entre prendre une balle entre les deux yeux et prendre une balle dans la nuque. Le peuple casse, le peuple mord, le peuple vide le sang, le peuple chante parce qu'il a été déçu, parce qu'il a été frustré, parce qu'il a été trompé. Un peuple en révolte est pareil à un chien blessé au niveau du flanc. Il n'y a pas plus dangereux qu'un chien blessé au niveau du flanc. Car un chien blessé au niveau du flanc ne peut plus se coucher sur le flanc. Je suis à juste titre pour les peuples qui se révoltent. Qui se révoltent pour une juste cause. Mais rassurez-vous, chers compatriotes, je ne fais pas allusion ici à ce peuple de poltrons, à cette saleté de peuple de couards, à ce peuple de cendre qui est le mien.

Oui, chers compatriotes, les peuples dont je parle ici, ce sont ceux d'Amérique latine, celui d'Afrique du sud et celui de l'Inde. Tous ces peuples qui ont construit leur nation des os de leurs martyrs, maculé leur drapeau de leur sang et composé leur hymne de leur dernier soupir.

(*un temps*)

Mes chers compatriotes, croyez-vous qu'un peuple qui a été décarcassé, étripé, sodomisé pendant une partouze de plusieurs siècles peut être le défenseur d'une cause noble à ce jour? Oui, mon peuple est de cendre. Et je ne peux pas faire grand cas des revendications d'un peuple pareil. Oui je n'ai pas foi dans un peuple de poltrons. De couards. De cendre.

(*un temps*)

Mesdames et messieurs, très chers compatriotes, rassurez-vous, mesdames et messieurs, très chers compatriotes, ayez bien conscience que moi qui vous parle, moi que vous voyez là, là debout devant vous, je suis le meilleur président que ce pays ait connu.

Madi animus, *apparaît soudainement sur la scène et dit dans un demi-sourire*: EH! EH!!!Rapace. J'ai bien peur que tu te fasses des films. Que tu sois à côté de la plaque. D'ailleurs, pourquoi au lieu de noyer le poisson, ne pas accepter que le peuple t'a déposé. Pourquoi ne pas regarder la vérité en face et accepter que tu n'es plus l'homme fort de ce pays depuis il y a un quart d'heure. Ton éviction n'est un secret pour personne. Ta chute défraie la chronique.

IBN RAPACE, *bégaie sous le coup de l'émotion* : Mais qui c'est cet impoli qui ose me couper la parole? Qui se permet d'interrompre mon discours présidentiel? (*un temps*) Qu'il s'approche illico pour que je puisse enfoncer ma main dans sa gueule puante et arracher sa langue de vipère.

Sakina anima, *apparaît soudainement sur la scène* **:** Mwana wa hayiri, ne fais pas attention à ce que dit Madi animus. La haine est naturelle chez lui. Il est plein de mauvaise foi. Raison pour laquelle il est en froid avec le monde entier.

IBN RAPACE: Et toi aussi, qui es-tu? Qui t'a donnée la permission de m'adresser la parole. D'ailleurs, il n'y avait que ma mère qui disposait du droit de m'appeler Mwana wa hayiri. Et depuis sa mort, aucune autre personne n'a le droit de se donner le droit de m'appeler par ce sobriquet. Et finalement, d'où sortez-vous vous deux? Qui vous a donné la permission de m'approcher? Sûrement encore ces imbéciles de gardes qui au lieu de faire leur boulot passent leur temps à glander. Garde!!!Garde!!!!!!!!! (*et il crie à se fendre le cœur*).

Madi animus: Rapace, ce n'est pas la peine de te tordre les cordes vocales. Il n'y a personne qui puisse t'entendre. Ce lieu est une cale, en même temps un bagne, en même temps un camp de concentration, en même temps une fosse commune. Ce lieu est tout ce qu'il y a de pire au monde. En ce lieu, le silence domine, les cris s'étouffent. Alors mon cher Rapace, garde ton cri au frais jusqu'au moment convenable. Oui Rapace, garde ton cri pour te crever les tympans quand tu en auras assez de tes soliloques dans l'atrocité de cette solitude.

Sakina anima: C'est faux Mwana wa hayiri, n'écoute pas cet oiseau de mauvais augure. Mwana wa hayiri, continue plutôt à crier. Le cri est le propre de l'homme. L'homme naît pour crier. Alors crie à te fendre l'âme. Crie jusqu'à ce que ton envie de crier soit rassasiée. Crie à te tordre les cordes vocales. Et comme tout cri est délivrance, crie, crie et délivre-toi!!!

IBN RAPACE s'assoit. Tâte le sol. Ramasse un balai fait de nervures de feuilles de cocotier sèches.

IBN RAPACE, *court vers Madi animus* **:** Quel culot! Quel culot! Monsieur s'invite sans gêne chez les gens et éhonté leur fait la leçon. Quel culot! Quel culot! Attends de voir ce que je vais faire de toi. Je vais te réduire en bouillie. Te réduire à néant. (*il fait des parades de karatéka*) Attends de voir. (*Madi animus a pris la poudre d'escampette*). Pourquoi tu t'enfuis? Poule mouillée. Si j'avais pu prendre possession de ton cou (*il fait le geste*), je t'assure, même la mort ne voudrait pas de toi. (*après un sifflement de mépris*) Sûrement cette couille molle est de mon peuple. Les miens ne sont pas braves, ni respectueux, ni fiers.

Sakina anima, les deux bras autour de son aine, rit à gorge déployée.

IBN RAPACE, *regarde Sakina anima des pieds à la tête et court cette fois-ci vers elle* : sale dévergondée, tu crois pouvoir m'aguicher. Tu crois que je vais me laisser avoir par ton regard suggestif! Tu crois que je me laisse facilement séduire par des filles aux mœurs légères de ton espèce. Ha! Ha! Ha! Moi …

Il s'empare du cou de Sakina anima. Celle-ci bat l'air de ses bras et lui demande de la lâcher.

Sakina anima: Lâche-moi, Mwana wa hayiri, tu me fais mal. Et ton haleine nauséabonde m'étouffe…

IBN RAPACE: oui, moi je fais le rêve d'un peuple dont les filles sont fières, respectueuses, et chastes jusqu'au mariage. Je rêve d'un peuple dont les filles se sont aguerries contre la faim, la douleur et le matérialisme. Par contre, je ne veux pas d'un peuple dont les filles sont les copies conformes de ces putains de telenovelas mexicains.

Garde 1 entre sur la scène.

Garde 1: Eh! Oh, IBN RAPACE! qu'est-ce qui te prend à parler tout seul? Qu'est ce qui ne va pas bien chez toi?

IBN RAPACE,*perplexe et après force réflexion* : Rien! Je balaie. (*et ânonne une chanson*)

Acte II

scène a

IBN RAPACE, assis sur une chaise, est encadré par les deux gardes. Le sergent est devant lui. Début de l'interrogatoire.

Sergent: J'ai été choisi par le peuple pour t'administrer une punition hors du commun. Le peuple veut ta mort. Mais pas n'importe quelle mort. Le peuple veut que ta mort soit spéciale. Unique. Originale. Le peuple ne veut pas que tu meures comme tout le monde. Non, le peuple veut que je te donne une mort insolite. Une mort qui te mérite. Le peuple veut que ta mort soit ubuesque. Une mort digne d'un dictateur sans cœur qui a poussé son propre peuple au fond de la cale du désespoir.

IBN RAPACE, *il prend un air de dédain***:** Le peuple! Le peuple! Le peuple! Eh! Tu sais au moins à qui tu t'adresses?

Sergent: Oui, à un homme sans scrupule qui a trahi les siens.

IBN RAPACE: Non, imbécile. Tu t'adresses à ton président. Et qui s'adresse à un président sait bien se tenir.

Garde 1: Moi je dirais plutôt sait bien se retenir. D'ailleurs je ne sais même pas ce qui me retient de lui donner une gifle.

Garde 2: Mais camarade, sers-toi. Fais comme tu le sens. D'ailleurs, une gifle lui permettra de recouvrer tous ses esprits, n'est-ce pas?

Sergent: Eh, soldats ! que tout le monde se calme!

Garde 1 et Garde 2: Oui chef!

IBN RAPACE: Mais, tu te moques de moi ou quoi? Depuis quand es-tu le chef?

Sergent: Depuis que le peuple t'a déposé. T'a démis de ta fonction. Ou dirais-je plutôt t'a détrôné.

IBN RAPACE: Le ciel est bleu. Et la lune éclaire. Un oiseau fait un vol en rase-mottes.

Sergent, *furieux* **:** Ne réponds pas par une pirouette. Tu n'as plus désormais le droit de noyer le poisson. Vas-y réponds! Pourquoi as-tu trahi les tiens?

IBN RAPACE: Désolé, je ne sais pas de quoi tu parles.

Garde 1: Non? Tu sais très bien de quoi il parle.

Garde 2: Il parle de ces milliers de gens qu'il a fait tuer, n'est-ce pas?

IBN RAPACE: Je n'ai jamais fait tuer des gens. J'ai juste fait exécuter des traîtres à la nation. Il ne faut pas tout confondre.

Sergent: Mais sais-tu qu'en tuant ces gens-là tu as fait des orphelins et des veuves?

IBN RAPACE: Ce pays a eu des orphelins et des veuves avant même ma venue au monde.

Garde 1: Mais qui vous a donné le droit d'amputer des vies?

IBN RAPACE, *répond vertement* **:** Le peuple, bien sûr. Le peuple en m'élisant m'a donné la mission d'améliorer la vie de tout un chacun. Et cela sous-entend aussi la mission d'amputer certaines vies pour en améliorer d'autres. Et une vie amputée, c'est une bouche de moins à nourrir.

Sergent: Ne mens pas Ibn Rapace! A part nous rebattre tant les oreilles de fausses promesses, tu n'as jamais fait le moindre effort pour améliorer les choses. Ton peuple continue toujours de souffrir le martyr. Il reste affamé. Éploré.

Garde 2: Oui j'ai faim. J'aurai de quoi me mettre sous la dent après sa mort, n'est-ce pas ?

Garde 1, *à l'autre garde* **:** Arrête camarade, ce n'est pas le moment approprié pour se plaindre.

IBN RAPACE: La critique est aisée, l'art est difficile. (*Il se lève, va vers le public. Le sergent intime ses gardes de laisser faire. Et ensemble, le sergent et les gardes, se retirent en fond de plateau, discrets*) Qu'est-ce que je n'ai pas entrepris pour que ce peuple ait une vie meilleure? J'ai tout fait pour dessiller les yeux à ce peuple afin qu'il se prenne en main. Soit maître de son destin. J'ai obligé ce peuple à travailler, à cultiver la terre, à exploiter la mer. Mais rien à faire. Ce peuple attend que la manne tombe du ciel. Alors-là j'ai dû faire preuve d'abnégation. Et je me suis convaincu de ne plus aller par quatre chemins. J'ai dû désormais renoncer momentanément à mes projets de développement.

(*un temps*)

Mais à vrai dire j'ai dû suspendre mes projets de développement en attendant que le peuple soit vraiment affamé. En attendant que le peuple ait la langue pendue. Sèche. Pâteuse. Vous savez mes chers compatriotes, que si au jour d'aujourd'hui, les peuples d'Europe, d'Amérique du Nord, du Japon et de la Chine ont une vie meilleure, c'est seulement parce qu'un jour, un bon matin, ils se sont réveillés et ont eu vraiment faim. Et là je parle d'une vraie faim, non pas de cette fausse faim qui subsiste ici. Et pour assouvir leur faim, ces peuples-là se sont mis à cultiver la terre et à exploiter la mer. Et pour ne plus être assaillis par cette vraie faim, ils se sont jurés de ne plus jamais arrêter de cultiver la terre et d'exploiter la mer. Oui, très chers compatriotes, ces peuples-là ne sont pas nés avec une cuillère d'argent dans la bouche. Oui, très chers compatriotes, ces peuples-là n'ont pas été élevés dans du coton. C'est à force de côtoyer la faim qu'ils se sont relevés un jour et ont dit non. Plus jamais!

(*un temps*)

Mais mon peuple, lui, mes chers compatriotes, n'a jamais connu la vraie faim. C'est la raison pour laquelle, il est paresseux, oisif et ignare. C'est la raison pour laquelle il passe son temps à désigner ses dirigeants à la vindicte publique. Attendez de voir le jour où il connaîtra la vraie faim, il se mettra, sans qu'on lui demande, à cultiver la terre et à exploiter la mer. Mon stratagème est cynique, oui, je l'admets ; mais aussi cynique que puisse être ce stratagème il est sûrement efficace pour m'éviter d'endurer à tout jamais ce supplice de Tantale.

Garde 1: N'importe quoi! Rapace, tu ne vois pas que ton peuple est traumatisé? Tu as terrorisé ton propre peuple.

IBN RAPACE: La peur. La peur est salvatrice. La peur a sauvé les peuples d'Europe, d'Amérique du Nord, du Japon et de la Chine. Si ces peuples n'avaient pas connu la peur dans le passé, ils ne seraient pas ce qu'ils sont devenus aujourd'hui. Ces peuples ont connu la peur pendant les Croisades. Ces peuples ont connu la peur pendant la Guerre des Cent-jours. Ces peuples ont connu la peur pendant les deux Grandes Guerres. Et je ne parle pas de cette fausse peur qui subsiste ici, je parle de la vraie peur que le nègre n'a pas connue pendant l'esclavage, pendant la colonisation, et au lendemain de la décolonisation. Pour que mon peuple se prenne en main il faut qu'il connaisse la peur, la vraie peur, cette vraie peur qui déchire le cœur, qui broie les tripes, qui assèche les couilles, qui noircit l'anus. Mon peuple est traumatisé, tant mieux. (*il balance la tête*). Et si c'est vrai que mon peuple est vraiment traumatisé, alors là, qu'il se prépare enfin pour un possible départ. (*dans un sourire*) Alors là, je peux vous assurer, mes chers compatriotes, que si ce que dit ce monsieur-là est vrai, alors là, mon peuple va reculer pour mieux rebondir.

Garde 2: Il veut nous faire croire qu'il aime son peuple. Mais à vrai dire il ne l'aime pas, n'est-ce pas? On ne va pas tomber dans le panneau, n'est-ce pas?

Les deux gardes remettent IBN RAPACE à sa place.

IBN RAPACE: Prenez un couteau et ouvrez-moi le cœur. Et vous verrez par vous-même combien mon cœur est rempli de l'amour que je porte à ce peuple, à cette patrie. Je n'ai d'yeux que pour mon peuple et un cœur que pour le voir souffrir.

Garde 1: Tu appelles ça souffrir. Dilapider l'argent du pays dans des hôtels de luxe, entre les jambes de ces filles en fleur qui t'offrent la primeur de leur corps famélique.

Sergent: Trêve de bavardages! Que tout le monde se calme, soldats!

Garde 1 et garde 2: Oui chef!

Sergent: Moi ce qui m'importe présentement c'est la mention que j'aurai après sa mort.

IBN RAPACE: Quelle mention?

Sergent: Une mention! Tu sais très bien ce que je veux dire. Bien? Assez bien? Très bien? Depuis quand tu ne sais pas ce que c'est une mention? Tu n'as jamais fréquenté l'école ou quoi, IBN RAPACE ?

IBN RAPACE: Arrête de me prendre pour un demeuré. Je sais très bien ce que toi tu vises. Tu vises le pouvoir. Mais sache très bien, très cher compatriote, que le peuple est un tonneau des Danaïdes, sa soif est inassouvie. Le peuple est une nymphomane. Il n'en a jamais assez, il demande toujours plus. Aujourd'hui l'étau s'est refermé sur moi, mais demain ce sera ton tour. Et demain n'est jamais loin. La fonction de président n'est pas une sinécure. Donc ne te leurre pas.

D'ailleurs, mets-toi d'ores et déjà en tête que le pouvoir est un miroir aux alouettes, et un jour ou l'autre le peuple exercera sur toi, pauvre arriviste, de terribles représailles. De toute façon, tu m'en diras davantage quand le miroir cassera. Oui, pauvre con, le peuple est un chien qui ne se tient pas en laisse éternellement. Aujourd'hui c'est mon cul qui est entre les mâchoires du chien, demain j'ai peur que ce soient tes couilles…

Garde 1: Ahan! Il vient de l'accepter enfin! Il vient d'admettre qu'il n'est plus le président…

Chacun des deux gardes lève un poing vers le ciel, et dit en chœur:

Garde 1 et Garde 2: Uhuru afrika!
Uhuru afrika!
Uhuru afrika!

Les deux gardes se mettent à danser et à chanter:

Mensonge!
La vie n'a jamais dit:
«Je suis l'ombre
qui doit être
reconduite à sa tombe»

Mais a dit plutôt:
«Le sang
qui
coule
ne doit
pas tarir
et
peu importe
le temps que durera
le tourbillon dans la mer
l'accalmie
aura finalement raison
de
lui

et
l'ombre
a
pour
tombe
la
terre
entière»

ô sélénite!
ne mets plus le griot
sur la sellette
attends plutôt
de pied ferme
l'arrivée du mahdi
au cœur d'enfant,
et au sourire de sage à l'avenant.

Sergent: Eh! Taisez-vous. Fermez-la! D'ailleurs, avant que j'oublie, je tiens à t'informer IBN RAPACE que ta mort non plus n'est pas loin. Ton exécution est pour demain. Et si tu as des choses à dire à tes enfants, écris une lettre. Et je viendrai la récupérer pour la leur expédier. Entends! Écoute! (*un temps*) Le glas sonne. Au moins il y a la mort pour nous dire que petits ou grands, riches ou pauvres, socialistes ou capitalistes, terroristes ou *bombardistes*, nous sommes tous appelés à foutre le camp un beau jour par la même porte. Allez! vous pouvez le ramener à sa cellule.

Et les gardes emmènent IBN RAPACE

Acte III

scène a

Madi animus rentre sur la scène. Coiffé d'un bonnet et vêtu d'un boubou loqueteux, il tient une kalachnikov entre les mains.

Madi animus, *deux doigts de sa main droite sur la bouche* **:** Oh! Que c'est puant le cadavre d'un pays! Et cette putréfaction me donne envie de rajouter à cette mort une merde de plusieurs décennies. Oh! Que c'est puant le cadavre d'un pays!
(*un temps*)
(*La kalachnikov en bandoulière*) Mes larmes sont frelatées. Difficile de les verser. Ma salive est avariée. Raison pour laquelle je me suis enfermé dans ce mutisme. Dans ce silence tropical. Point de larmes. Point de cris. Mon destin est ainsi tracé. Point de larmes. Point de cris. La pluie cinglant mon crâne, la rivière submergeant tout mon corps, le sol aspirant mes entrailles, le crève-cœur pulvérisant ma vue. Point de larmes. Point de cris. Mon cœur est pris entre deux feux; et la vie ne fait qu'exacerber ce cœur meurtri en le transformant en cul-de-sac. Point de larmes. Point de cris. (*il s'esclaffe*). Attends! Écoute! Vois! Me vient en mémoire cette phrase:«Ils érigent entre nous des murs, de nombreux murs qui forment dans leur ensemble un labyrinthe. Et à l'intérieur de ce labyrinthe, ils sèment la zizanie, entretiennent la confusion, maintiennent les mésententes, cristallisent le schisme par peur qu'on les fasse tomber un jour de leur piédestal. En vrai, c'est pour obvier à un déicide qu'ils ont construit cette tour de Babel». Point de larmes. Point de cris. Ce pays ne mérite pas ma pitié. Ce pays ne mérite pas que je répande des larmes pour lui. (*il écrase une larme*). Qu'il aille se faire voir. (*il fait un doigt d'honneur au public*).
(*un temps*)
Je me souviens que, bébé, maman me voyait président. Elle me prenait toujours dans ses bras. Et approchait toujours sa bouche de mon oreille. Et me chuchotait des berceuses. Les plus belles berceuses du monde. Dans ces berceuses-là, j'étais, à force de persévérance, l'enfant qui triomphait sur les djinns des mille chemins ou l'orphelin qui devenait prince. Dans ces berceuses-là, je portais tout le poids du monde sur mes épaules. Dans ces berceuses-là, tel un

alchimiste, je changeais tous les métaux en or. Bébé, je me souviens, maman me voyait président. Elle me prenait dans ses bras. Et approchait toujours sa bouche de mon oreille. Et me chuchotait toujours des berceuses. Les plus belles berceuses du monde.
(*un temps*)
Je me souviens qu'adolescent, je voulais changer le monde. Mais chaque fois que je m'apprêtais à franchir une ligne, à vouloir atteindre une autre rive, il y avait toujours une personne comme toi (*pointant son doigt vers le public*), prétendant être sortie de la cuisse de Jupiter, pour me donner un croc-en-jambe. Mais nourri aux berceuses de maman, à chaque fois que je tombais, je me relevais, aussi vite que Superman. Oui, assurément, tel le Phénix, je renaissais toujours de mes cendres.
(*un temps*)
Toujours, je me souviens qu'adolescent, je voulais bousculer les mœurs. Mais comme dans ce pays minable, on se regarde tous en chiens de faïence, il y avait toujours une personne comme toi (*pointant à nouveau le doigt vers le public*), prétendant avoir baisé avec le diable, pour me rabaisser plus bas que terre. Oui avec toutes les bonnes intentions qu'on puisse avoir, il y a toujours un salaud comme toi (*pointant le doigt vers le public*), prétendant être le fils illégitime d'un dieu sodomite, pour me mettre des bâtons dans les roues… pour me traîner dans la boue. Mais nourri aux berceuses de ma mère, à chaque fois que je tombais, je me relevais, aussi vite que Batman. Oui, assurément, tel le Phénix, je renaissais toujours de mes cendres.
(*un temps*)
Du coup, j'ai toujours appris à me relever chaque fois que je tombais. Du coup, j'ai appris qu'au commencement ne fût pas le verbe, mais l'air. Que c'est grâce à l'air que les sons se forment et deviennent perceptibles. Que c'est grâce à l'air, que le ciel devient liquide, et étanche la soif de la terre. D'ailleurs, Dieu est à l'image de l'air. Et tant qu'il y aura de l'air, l'être humain n'a pas le droit de baisser les bras. (*tel un derviche tourneur , il exécute des pas de dayira et devient tout d'un coup immobile sur la scène*)

IBN RAPACE rentre sur la scène en dansant. Mais soudainement il devient immobile sur la scène comme Madi animus. Quant à Sakina anima, elle arrive sur la scène coiffée d'un collier de frangipaniers et vêtue d'un boubou traditionnel comorien.

Sakina anima, *s'adressant à IBN RAPACE figé sur la scène* : Écrire et mourir, c'est du pareil au même. On écrit pour soulager sa conscience. Et on meurt pour ne pas avoir de conscience du tout. Dans la nuit noire comme dans le cœur humain, il n'y a jamais place pour deux .Même le plus humain de tous les nabis n'a pu s'empêcher de verser le sang, de tailler autrui en pièce pour habiter le silence de la gloire, pour occuper la solitude du pouvoir.
(*un temps*)
Nos larmes creusent des tombes que nos corps une fois poussière vont combler. Ce qui me dérange moi, ce n'est pas le fait qu'ils[2] nous tuent ou nous font tuer. Non! Sincèrement ce qui me dérange le plus, moi, c'est le fait qu'ils poussent les nôtres à cracher sur nos tombes. Ils ne se contentent pas seulement de nous voir à leur merci, ils poussent aussi les nôtres à profaner nos tombes. (*s'adressant au public*) Nos tombes, te rends-tu compte? Nos tombes!!!
(*un temps*)
Une bouche qui s'est toujours gardée de parler, lorsqu'elle se met à parler, elle parle. Non, il ne faut jamais demander à un enfant qu'on a battu de retenir ses larmes. Non, il ne faut jamais empêcher une plaie qu'on a ouverte de saigner. Tu sais, tout ce que je suis en train de dire n'est qu'un ensemble de vers que j'ai mémorisé pour arrêter l'hémorragie qui fuse de ma mémoire. En réponse à mes angoisses, en attente d'une lune bien pleine, seul me sert de garrot le poème. Oui, seul me sert de garrot le poème. (*commence à crier*) Seul me sert de garrot le…le…le…po-èèèèèèèèèèèèèèèèèèèèèèème (*et s'arrête de crier*).
(*un temps*)
Dieu a construit la vie au moyen de briques de frustration. Nous autres les humains nous ne sommes que de pauvres papillons. Nous nous consumons toujours dans l'objet de notre convoitise. Vivants, ils nous montent les uns contre les autres. Et c'est seulement dans la mort, quand l'entente n'est plus possible, qu'ils nous entassent, nous mettent les uns sur les autres. Et j'ai une sacrée envie de humer la glaire sur mon vagin et puis éjaculer cette substance sur ce tas de vers qui me transforme en féline en rut. J'ai envie de foutre ma langue pâteuse dans la sécheresse de mes seins.
(*un temps*)

---

[2]Peut-être fait-il allusion aux réseaux françafricains ou à la CIA.

Petite, j'ai vu papa partir de la maison. J'ai couru jusqu'à lui. Me suis agrippée à ses pieds. Et je l'ai supplié: «Papa, s'il te plaît, ne pars pas! Que deviendrais-je sans toi? Imagine-moi sans toi! Je ne serais qu'un pauvre arbre dépourvu de racines» Mais papa n'avait pipé mot. Il avait juste détaché mes bras de ses pieds, et repris son chemin. Et depuis, dans la tristesse, j'ai cherché mon papa aux quatre vents. Dans les coins et recoins de ce pays. Aux confins de cet archipel ballotté.
(*un temps*)
Adolescente, j'ai vu ma maman à l'article de la mort. J'ai couru jusqu'à la mosquée. Me suis agenouillée devant le mihrab. Et j'ai supplié Dieu:«Dieu, je vous en prie, ne prenez pas maman. Que deviendrais-je sans ma maman? Imaginez-moi sans ma maman! Je ne serais qu'un imam dépourvu de foi». Mais Dieu, sans scrupule, avait traîné ma maman sur son dos mortifère. Et depuis, je suis allée réclamer ma maman dans tous les cimetières de ce monde. Mais jamais elle n'a remonté les escaliers de l'outre-monde.

Scène c

IBN RAPACE, *dit en égrenant un chapelet*: Une souris peut ronger une montagne, mais jamais ne peut la faire tomber. Une souris peut ronger une montagne, mais jamais ne peut la faire tomber. Une souris peut ronger une montagne, mais jamais ne peut la faire tomber...
(*pause*)

Assis en tailleur, un visage transi de peur et pensant tout haut, IBN RAPACE continue:

IBN RAPACE : J'ai d'abord regardé la vie avec un œil nyctalope. Ensuite je l'ai regardée avec un œil diurne. Et jamais je ne l'ai vue sous son vrai jour.
Ma peur la plus profonde, c'est de savoir un jour les anges arrêter de me bercer et d'assister, impuissant, à mes pieds décoller de la terre. Le monde peut partir dans tous les sens. La Lune comme l'horizon peuvent être effacés par Nietzsche. Il peut même vider la mer . Moi personnellement, tant que les anges ne m'auront pas abandonné comme le plus faible d'une portée, rien ne m'importera.
Madi animus, *sa main sur l'épaule d'IBN RAPACE*: Tu crois en Dieu? Connais-tu la Trinité?

IBN RAPACE, *dans une voix à peine audible*: Bien sûr que je crois en Dieu. Bien sûr que je connais la Trinité. Regardez! Il y a d'abord le Père (*pose sa main droite sur son cœur et poursuit*), ce Père qui n'est autre que ce cœur, ce cœur qui porte tantôt l'amour tantôt la haine. Ensuite, il y a le Fils, (*pose sa main gauche sur sa tête et poursuit*) ce Fils qui se fait guider par les esprits de la terre et des cieux. Enfin, il y a le Saint Esprit, (*caresse la terre avec les doigts de sa main et poursuit*) ce Saint Esprit que abrite cette terre qui voit l'homme renaître tout le temps, sous différentes formes.

Sakina madi: Alors écoute! L'heure d'affronter tes vieux démons a sonné. Dans tous les cas, il est clair et net que dans ce monde en voie de fossilisation, être fort, c'est faire amande honorable. Être fort, ce n'est point renier ses erreurs, mais plutôt confesser ses défauts et ses faiblesses. Être fort, en somme, c'est n'être qu'un homme.

IBN RAPACE: Être un homme, comment ça? Regardez, je me palpe. Et mes doigts ne touchent que de la chair putréfiée, fétide. L'homme a déserté cette partie du monde, tu comprends. Ici il n'y a plus que des corps sans vie en attente d'incinération. Oui des corps sans vie en attente d'incinération, nom d'un chien.

Sakina anima: Là où le soleil se couche, il ne fait pas forcément sombre. Et là où il se lève, il ne fait pas forcément clair. Sois un peu optimiste, Mwana wa hayiri.

IBN RAPACE: Quoi? (*il tourne la tête à sa droite puis à sa gauche*) Ahan! C'est encore vous deux? J'en étais persuadé. Comme la bêtise a la vie dure. Vraisemblablement, vous êtes atteints de cette maladie incurable qui s'appelle la *bêtisite*. Ayez bien conscience que vos bouches ne tariront jamais d'âneries. Oui, jamais!!!

Madi animus, *dans un sourire* : Nous avons été à bonne école.

Sakina anima: Arrête toi aussi de l'exciter.

IBN RAPACE, *faisant des postures de kung-fu* : Andouilles, sachez qu'une langue brûlée ne lèche jamais ses plaies. Alors faites bien attention à ce que vous dites.

Madi animus et Sakina anima ont pris la poudre d'escampette. IBN RAPACE est seul sur la scène.

IBN RAPACE: J'ai dû froisser des plumes sans m'en rendre compte. C'est pourquoi ces deux têtes de mule n'arrêtent pas de me rendre la vie dure...Moi qui croyais qu'en amputant la vie à certains et en brûlant leur cadavre en public, les autres allaient prendre conscience de l'importance de la vie.

Garde 1, *arrive accompagné de Garde 2* **:** IBN RAPACE, on entend ta voix jusqu'à l'autre bout de la rue. Qu'est-ce qui te prend de crier comme un forcené?

Garde 2: Tu le dis comme s'il n'en était pas un!

IBN RAPACE, *marmonne:* Salope, tu verras, je vais t'exciser avec mes dents.

Garde 2, *saisit le cou d'IBN RAPACE***:** Qu'est-ce que tu as dit?

IBN RAPACE: Rien.

Garde 2: Comment ça rien?

IBN RAPACE: Je n'ai rien dit.

Garde 2: Rien. Tu crois que je n'ai pas entendu. Mon petit doigt me dit que tu mijotes quelque chose, n'est-ce pas?

Garde 1: Il mijote quoi? Quoi? Quoi? Vas-y, mets-moi vite dans la confidence, camarade.

Garde 2: Chut, toi aussi! Sinon ce sera mon grand doigt qui va te la boucler!

Garde 1: Qu'ai-je fait?

Garde 2: Chut!

IBN RAPACE: Je …

Garde 1 et Garde 2: La ferme! (*administre chacun un sévère coup de pied à IBN RAPACE*).

IBN RAPACE lève les mains au ciel et s'en remet à Dieu

IBN RAPACE: Dieu est juste et me vengera!

Les deux gardes le frappent derechef et partent.

IBN RAPACE, *parle au milieu de ses sanglots***:** S'ils veulent vraiment me donner une mort originale, ils n'ont qu'à déverser une lave bien chaude de cet archipel en détresse dans ma bouche. Une lave qui gardera intactes aortes et veines, mais qui consumera tout mon cœur jusqu'à la dernière étincelle de vie. Je veux mourir. D'ailleurs, à mes yeux, la vie est une nuit de traversée. Ou bien on meurt dès la naissance. Ou bien on échappe à la mort précoce pour entrer dans une clandestinité sans fin.

(*un temps*)
A quoi bon résister, quand la vie n'est qu'un château de cartes? A quoi bon tenir encore, quand la vie n'est qu'une ondée matinale?
(*un temps*)
Ô comme tout me manque!
Mes oreilles ont besoin de blues et de jazz. Elles ont besoin du Ray Charles. Elles ont besoin du Louis Armstrong. Besoin du Om Kalthoum. Ma bouche a envie de fredonner du Sophocle. Fredonner du Khalil Gibran. Fredonner du Pablo Neruda. Mon corps, mes doigts veulent toucher du Bosch. Mes yeux désirent du Picasso. Mes yeux, mes yeux, veulent, voudraient, voudraient bien, du (*un temps*) du (*un temps*) Francis Ford Coppola, du (*un temps*) Roman Polanski, du (*un temps*) Stanley Kubrick. Ô! (*il se tient la tête*) J'ai envie de tout et de n'importe quoi. La mort par-dessus tout. (*il se répète*) La Mort par-dessus tout.
Madi animus, *apparaît sur la scène* **:** Tu sais, Rapace, les ennuis, c'est comme une dionée qui a attrapé une libellule. Une dionée n'abandonne sa prise que si elle a rendu l'âme.
IBN RAPACE: J'en ai ma claque. Cette fois-ci je vais joindre l'utile à l'agréable. Je vais te coller mon pied au cul jusqu'à ce que tu disparaisses une bonne fois pour toutes.

IBN RAPACE fonce droit sur Madi animus. Ce dernier, tel un torero dans une arène, sort un chiffon rouge de sa poche et esquive. IBN RAPACE fonce à nouveau sur Madi animus. Ce dernier esquive derechef. Et puis déguerpit.

Garde 2, *arrive sur la scène* **:** IBN RAPACE, peux-tu la fermer, nom d'un chien?
IBN RAPACE: Désolé, c'était un éternuement.

Garde 2 quitte la scène. IBN RAPACE se retrouve seul sur la scène.

IBN RAPACE: Je me suis envolé si haut que le soleil a brûlé ma vue. Et depuis la lune n'éclaire qu'un pan de mon cœur. Et le vent ne m'apporte plus les échos des mots doux de la sève des palétuviers.
(*un temps*)
En vrai, mes nerfs ont craqué. Et j'ai envie de m'arracher la peau du ventre. Et me désaltérer du sang qui jaillira des viscères.

Madi animus *réapparaît sur la scène* **:** Rapace, moi personnellement, je ne resterais pas une seconde de plus auprès de tes aisselles qui puent l'ail si je le pouvais. Mais hélas! te fuir ne relève que de l'utopie.
Sakina anima: Madi, sois cohérent. Explique-lui clairement les choses.
IBN RAPACE: Eh, dévergondée! Écoute bien! Je ne veux pas de vos explications. Cadenassez vos gueules et déguerpissez avant que je m'énerve.
Madi animus: Écoute Rapace. Tends bien l'oreille, Rapace. En effet, nous, moi et elle, nous ne sommes pas réels. Nous n'existons pas. Nous ne sommes que le fruit de ton imagination. Nous n'avons droit de cité que dans ta stupide tête. Cela dit, si tu ne supportes pas notre présence, tu n'as qu'à te zigouiller. Et nous, nous mourrons avec toi.
Sakina anima: C'est vrai Mwana wa hayiri ce que te dit Madi animus. Moi je suis toi. Toi tu es lui. Et lui est l'égal de nous. En fait, lui, toi et moi, nous formons la même personne.
IBN RAPACE, *furax*: Eh, dévergondée! Eh, âne bâté! Où vous croyez-vous là? Dans un asile de fou? Ou devant un exorciste? Eh! Oh! Je vous rappelle que vous êtes chez moi, dans mon palais présidentiel. Andouilles, partez sinon je vais vous réduire en bouillie.
Madi animus: Et il n'y pas que toi , elle et moi qui formons une seule personne , il y a aussi les gardes , le sergent; et j'ai même peur que mêmes les chaises , la table , le stylo , la feuille ...fassent aussi partie de toi .

IBN RAPACE pourchasse sitôt Sakina anima et Madi animus. Mais tout d'un coup IBN RAPACE s'arrête net. Puis marche à reculons. Devant lui il y a le sergent.

Sergent: Les gardes viennent de me rapporter que tu n'arrêtes pas de crier. Qu'est-ce qu'il y a en vrai?
IBN RAPACE: Rien. C'était juste une petite crise d'asthme de rien du tout.
Sergent: Je l'espère bien. N'oublie pas IBN RAPACE que c'est moi qui dois te tuer. Je dois t'enlever la vie de mes propres mains. J'espère que je ne serai pas obligé de te ressusciter pour te tuer à nouveau.
Bon, j'y vais. N'oublie surtout pas d'écrire ta lettre.

Dès que le sergent quitte la scène, IBN RAPACE médit sur lui:

IBN RAPACE: Maintenant, je sais pourquoi beaucoup préfèrent la haine à l'amour. L'amour est violent. D'une violence insupportable.
(*un temps*)
Comprenez que tous ces connards haineux qui mangent à tous les râteliers, pour se sentir debout, chacun d'eux veut voir autrui sur le carreau. En munificence de mon être unique, je me suis donné corps et âme à ces esprits pusillanimes; ceux-là mêmes qui nourrissent l'idée de placer ma tête sur l'échafaud.
(*un temps*)
De Babel à la Bastille , de Solon à Mandela , tout est devenu banal, factice , à portée de main; le pouvoir , la femme , les sciences , les arts , le sang , tout , tout a été aseptisé , désacralisé , démythifié; tout , tout est poussif , insipide , vulgaire . Oui vulgaire.Vullllllllllllgaiiiiiiiiiiiiiiireeeeeeeeeeeeeeeeeeeeeeeeeeee !!!!!!!
(*s'essoufflé*)
Avant, quand l'humain se contentait de faire corps avec la masse, on a pu ériger des pyramides, des cathédrales, construire des civilisations, des mythes, des légendes, des croyances, un monde. Mais depuis que chaque homme qui naît a le pouvoir de se persuader , de se convaincre , que tout homme peut gouverner , que guider un peuple appartient au commun des mortels , que nous sommes tous égaux , qu'avant chaque être , c'est le chaos , qu'après chaque être , sera le déluge , tous les hommes rêvant de statues à leur effigie , ne font que brûler cette terre à la manière de Érostrate[3] dans le passé.

Sakina anima et Madi animus ont réapparu sur la scène.

Sakina anima: Mwana wa hayiri, tu te souviens de ta chanson préférée:

Ce soir nous irons danser
sans chemise , sans pantalon
Ce soir nous irons danser
sans chemise, sans pantalon

---

[3] Éphésien qui, voulant se rendre immortel par un exploit mémorable, incendia- en juillet 356 av.J.-C.- le temple d'Artémis, une des sept merveilles du monde.

Madi animus: Non, il adorait plutôt jouer à saute-mouton. Viens Sakina, on lui montre.

Et Madi animus et Sakina anima jouent à saute-mouton.

IBN RAPACE, *fait des parades de wushu* **:** Imbéciles! Laissez-moi en paix. Attendez de voir. Je vais vous frapper de telle manière que vous allez chier pendant deux jours et deux nuits dans vos frocs.

Sakina anima et Madi animus se sont faits la malle.

IBN RAPACE, *face au public***:** Je souhaite que mes larmes se changent en sang et que mon sang devienne glauque. Je souhaite qu'en moi jaillisse la paix et que de mes yeux s'en aille la souffrance.

(*en pleurs*) Maman où es-tu? Pourquoi m'as-tu laissé seul au côté de ce requin qu'on nomme la vie? L'épave où je me suis accroché prend feu de tout bord. Et dans le désert de cette mer enragée, mon corps prend l'eau. Papa, de cette cage où je te crie, je t'assure que ma vie tombe en ruine. Maman, papa, je vais mourir. Ils vont me tuer. Et ce qui me fait peur par-dessus tout, c'est qu'une fois arrivé dans l'au-delà, ceux que j'ai fait tuer ici vont transformer ma vie là-bas en enfer.

Scène d

IBN RAPACE est couché sur la dure. Sergent rentre sur la scène. Et le réveille avec son pied.

Sergent: IBN RAPACE, quelqu'un m'a mis au parfum que tu es fort en devinettes. Et je veux en avoir le cœur net. Ouvre bien tes oreilles. Il se croyait inébranlable, mais une stupide souris l'a fait tomber. Qui est-ce?

IBN RAPACE: Aucune idée. Et je donne volontiers ma langue au chat.

Sergent: C'était pourtant facile. C'était le baobab. Mais passons! J'espère que tu as fini d'écrire ta lettre. Parce qu'il ne te reste plus qu'un quart d'heure à vivre. Et n'oublie pas que la Faucheuse déteste qu'on la fasse attendre.

IBN RAPACE: Accorde-moi, s'il te plaît, une minute, le temps de me relire. (*il se lève, et fait une lecture silencieuse de sa lettre*).

Voix-off

A la place d'un testament, mes chers enfants, je vais vous léguer une fable orientale. C'est un vieux derviche soufi qui me l'a racontée dans un rêve. Un jour, un vieil ascète traversant un désert, avait croisé sur son chemin un jeune danseur. Ce dernier, de jour comme de nuit, n'avait d'autre occupation que la danse. En cadence, il suivait le tempo des battements de son cœur. Il se trémoussait au gré de sa voix, une voix mélodieuse. Et ce jeune danseur n'avait pour spectateur qu'un modeste groupie composé d'un palmier et d'une oasis qui se trouvaient aux alentours de sa piste de danse. Son modeste groupie s'épanouissait chaque jour au rythme des pas de danse de ce génie du désert.

Stupéfait à l'idée qu'un être humain puisse avoir un pareil don de la danse, le vieil ascète, à l'ombre du palmier sous lequel il était assis, avait demandé au danseur:«Comment arrives-tu à danser aussi bien?» Le danseur répondit:«Quelle question? Je danse excellemment, parce que je suis Atar Malick, le plus grand danseur du monde». Le vieil ascète, après force réflexion, avait invité le jeune danseur à le suivre. Il accepta. Et sur le sommet du mont Sinaï, le vieil ascète invita à nouveau le jeune danseur à danser, à réaliser sa plus belle chorégraphie. Mais ô surprise! le jeune danseur avait du mal à exécuter sa danse, le sol du mont Sinaï était bourbeux, puisque quelques heures plus tôt, il avait plu. Et au vieil ascète de dire au jeune danseur:«L'homme a une mémoire qui dure le temps d'une brise. Il oublie vite. Pour se hisser au-dessus d'une colline, il s'aide d'un bâton. Mais une fois parvenu à ses fins, il tourne le dos au bâton. Si j'étais toi, je ne dirais jamais «Je danse excellemment», mais plutôt «J'ai la chance de danser sur une terre qui manie bien mes pieds». Enfin, ton talent de danseur n'est pas de toi, il appartient à cette terre qui supporte stoïquement ton poids.»

scène e

Sergent: Fais-moi voir ce que tu as écrit. (*après lecture de la lettre, il entre dans une colère noire*). Le traître! Finalement tu n'arrêteras donc jamais de te payer nos têtes! Gardes, exécutez-moi ce maudit traître!

Et les gardent exécutent IBN RAPACE sur le champ.

EN RÉALITÉ, SEULE CETTE UNIQUE PHRASE ÉTAIT ÉCRITE DANS LA LETTRE D'IBN RAPACE QUE LE SERGENT AVAIT LUE:

«TIRE, ESPÈCE DE LÂCHE, TU TUERAS SEULEMENT UN HOMME…[4]»

---

4 "Dispara, cobarde, sòlo vas a matar a un hombre...", parole que d'après la légende Che Guevara aurait dit à ses tortionnaires avant qu'ils l'achèvent.

Et sitôt, sur la scène, le groupe de croyants habillés en blanc et récitant des sourates du Qu'rân portent le corps d'IBN RAPACE en triomphe.

FIN

Théâtre des 5 Continents
Collection dirigée par Kazem Shahryari et Robert Poudérou

Dernières parutions

258 – Dominique ZINS, *Les Fils de l'absent*, 2011.
257 – Mahougnon KAKPO, *Dieu, cet apprenti-sorcier suivi de Destin d'un Dieu*, 2011.
256 – Philippe CHIGNIER, *Down Town*, 2011.
255 – WILLERVAL, *Naturellement*, 2011.
254 – Philippe BIGET, *Envol pour l'Éden. Déploration profane en trois actes*, 2011.
253 – Fabienne WEILL, *On ne badine pas avec la mort*, 2011.
252 – Yacoub ABDELLATIF, *C'est pour mieux placer mes rides, fiston*, 2011.
251 – Antoine WELLENS, *L'Antegone d'* ou *Que dit le cochon quand le fermier l'égorge ?*, 2011.
250 – Michèle BEAUMONT, *Moi je veux du rêve !*, 2011.
249 – Alain HADJADJ, *Fait comme un rat*, 2011.
248 – Thiane KHAMVONGSA, *Au revoir Pays*, 2011.
247 – Jean-Loup PHILIPPE, *De l'autre côté*, 2011.
246- José Jorge Letria, *Croquemitaine et le rêve*, 2010.
245 – Laura FORTI, *Thérapie anti-douleur*, 2010.
244 – Gabriel ENTCHA EBIA, *Djiha*, 2010.
243 – Brigitte RÉMER, *Bouvard et Pécuchet. Le livre de l'inquiétude*, 2010.
242 – Landry-Pascal GOMA, *Au coeur du vent*, 2010.
241 – Jimmy LOVE, *Le dictateur, la princesse et l'opposant*, 2010.
240 – Jacques MONDOLONI, *Palestine Check Point* suivi de *L'appel des abeilles*, 2010.
239 – Yves JAVAULT, *Le jeu des 7 familles du théâtre*, 2010.
238 – Lulla Alain ILUNGA, *Docteur Tanza*, 2010.
237 – François LE BOITEUX, *Condamné à vie*, 2010.
237 – François LE BOITEUX, *Le Contrat de Faust*, 2010.
236 – François Le BOITEUX, *Le Choix de Jehanne*, 2010.
235 – François LE BOITEUX, *Monségur*, 2010.
234 – Jean-Pierre GUÉROT, *Les pleins pouvoirs*, 2010.

L'HARMATTAN, ITALIA
Via Degli Artisti 15; 10124 Torino

L'HARMATTAN HONGRIE
Könyvesbolt ; Kossuth L. u. 14-16
1053 Budapest

L'HARMATTAN BURKINA FASO
Avenue Mohamar Kadhafi (Ouaga 2000) – à 200 m du pont échangeur
12 BP 226 OUAGADOUGOU
(00226) 50 37 54 36
harmattanburkina@yahoo.fr

ESPACE L'HARMATTAN KINSHASA
Faculté des Sciences sociales,
politiques et administratives
BP243, KIN XI
Université de Kinshasa

L'HARMATTAN CONGO
67, av. E. P. Lumumba
Bât. – Congo Pharmacie (Bib. Nat.)
BP2874 Brazzaville
harmattan.congo@yahoo.fr

L'HARMATTAN GUINÉE
Almamya Rue KA 028, en face du restaurant Le Cèdre
OKB agency BP 3470 Conakry
(00224) 60 20 85 08
harmattanguinee@yahoo.fr

L'HARMATTAN CÔTE D'IVOIRE
M. Etien N'dah Ahmon
Résidence Karl / cité des arts
Abidjan-Cocody 03 BP 1588 Abidjan 03
(00225) 05 77 87 31

L'HARMATTAN MAURITANIE
Espace El Kettab du livre francophone
N° 472 avenue du Palais des Congrès
BP 316 Nouakchott
(00222) 63 25 980

L'HARMATTAN CAMEROUN
BP 11486
Face à la SNI, immeuble Don Bosco
Yaoundé
(00237) 99 76 61 66
harmattancam@yahoo.fr

L'HARMATTAN SÉNÉGAL
« Villa Rose », rue de Diourbel X G, Point E
BP 45034 Dakar FANN
(00221) 33 825 98 58 / 77 242 25 08
senharmattan@gmail.com

Achevé d'imprimer par Corlet Numérique - 14110 Condé-sur-Noireau
N° d'Imprimeur : 84231 - Dépôt légal : janvier 2012 - *Imprimé en France*

www.ingramcontent.com/pod-product-compliance
Lightning Source LLC
LaVergne TN
LVHW051633071026
849535LV00009BA/3571
* 9 7 8 2 2 9 6 5 6 7 9 5 5 *